Cómo cuidarse al hacer deporte

por Albert Bray

PHOTOGRAPHY CREDITS: Cover ©goldenangel/Alamy; 1 ©Chase Jarvis/Corbis; 2 ©Jim Cummins/Corbis; 3 ©Marka/Alamy; 4 ©Chase Jarvis/Corbis; 5 ©PCN Photography/Alamy; 6 ©Ethan Miller/Staff/Getty Images; 7 ©Alamy; 8 ©Thinkstock/Alamy; 9 ©Bill Frakes/Contributor/Getty Images; 10 ©Jim West/Alamy.

Copyright © by Houghton Mifflin Harcourt Publishing Company

All rights reserved. No part of this work may be reproduced or transmitted in any form or by any means, electronic or mechanical, including photocopying or recording, or by any information storage and retrieval system, without the prior written permission of the copyright owner unless such copying is expressly permitted by federal copyright law. Requests for permission to make copies of any part of the work should be addressed to Houghton Mifflin Harcourt Publishing Company, Attn: Contracts, Copyrights, and Licensing, 9400 South Park Center Loop, Orlando, Florida 32819-8647.

Printed in Mexico

ISBN: 978-0-544-17196-1

1 2 3 4 5 6 7 8 9 10 0908 22 21 20 19 18 17 16 15 14 13

4500430011   A B C D E F G

If you have received these materials as examination copies free of charge, Houghton Mifflin Harcourt Publishing Company retains title to the materials and they may not be resold. Resale of examination copies is strictly prohibited.

Possession of this publication in print format does not entitle users to convert this publication, or any portion of it, into electronic format.

¡Vamos, equipo!

¿Qué es lo que más necesita un equipo ganador? Necesita **atletas** que jueguen con entusiasmo y se mantengan sanos. Los equipos que **compiten** no pueden ganar si los jugadores están lastimados.

Los equipos ganadores son equipos sanos.

Los primeros jugadores de hockey no usaban mucho equipamiento protector.

Mejor y más seguro

El equipamiento deportivo ha mejorado mucho con el tiempo. Hace años, los jugadores de hockey sobre hielo no usaban mucha protección. No tenían máscaras, cascos ni canilleras y tampoco guantes resistentes. Algunos jugadores se lastimaban mucho.

El equipamiento moderno protege a los jugadores de hockey. Aumenta su potencia sobre el hielo.

Hoy día, en la mayoría de los deportes los atletas tienen un equipamiento mejor y más seguro. Los científicos trabajan mucho para mejorar el equipamiento deportivo. Observan a los atletas y analizan sus lesiones. Inventan nuevos materiales que brindan mejor protección.

Además, los científicos prueban el nuevo equipamiento en sus laboratorios. Las pruebas de seguridad son un proceso largo, por lo que el equipamiento deportivo cambia todo el tiempo. El equipamiento mejoró para deportes como el fútbol americano, el fútbol, el patinaje y el ciclismo. Un atleta en la actualidad puede ser rápido, tener un cuerpo flexible y estar protegido.

Los patinadores deben protegerse la cabeza, las rodillas y los codos.

Shaun White siempre usa casco cuando hace *snowboard*.

La cabeza, protegida

"Usen siempre el casco", dice Shaun White, campeón de *snowboard*. Shaun hace unos trucos sorprendentes con la tabla de *snowboard*.

White confía en "CPS". CPS quiere decir Cabeza Protegida Siempre.

White ha sido un referente. Ahora, muchas personas que esquían y hacen *snowboard* usan casco.

Los jugadores de fútbol americano suelen sufrir lesiones en la cabeza.

Cada año, cientos de atletas se lesionan la cabeza. Las lesiones cerebrales pueden ser graves y contribuyen a que existan muchos problemas de salud. Pueden provocar pérdida de memoria e incluso la muerte.

Los cascos pueden salvar vidas. Muchos atletas de distintos deportes los usan, incluso los ciclistas y los escaladores.

Unos nuevos cascos "inteligentes" miden la fuerza del golpe que se recibe. ¡Algunos jugadores de fútbol reciben 1,500 golpes en la cabeza en una temporada! Necesitan cascos para protegerse la cabeza y el cerebro.

Primero, piensa

Los deportes son divertidos, pero a veces son peligrosos. Es fácil lastimarse saltando en trampolines o camas elásticas. Hay muchos accidentes en los parques de patinaje.

Todos los atletas tienen que ser inteligentes y cuidarse. Tienen que seguir las reglas de seguridad.

Las redes protectoras pueden prevenir lesiones en los trampolines.

Los atletas necesitan mucha agua en los días calurosos.

Cuidado con el estado del tiempo

Las lesiones en el deporte ocurren por muchas razones. El estado del tiempo causa algunos de esos problemas.

Los días muy calurosos o muy fríos pueden ser peligrosos. En los días calurosos, los atletas que no beben suficiente agua pueden enfermarse mucho. Las personas que esquían y hacen *snowboard* pueden sufrir lesiones en la piel en los días más fríos.

Los jugadores de basquetbol suelen lesionarse las rodillas y los tobillos.

El médico deportólogo

Imagina un partido de básquetbol universitario. Una jugadora salta alto para atrapar la pelota. Cae mal y se tuerce la rodilla. Apenas puede salir caminando de la cancha.

El entrenador sabe a quién llamar. La mayoría de los equipos universitarios y profesionales tienen sus propios médicos. Estos médicos estudian medicina deportiva. Saben cómo tratar las lesiones de rodilla y tobillo, y los huesos rotos.

Apenas una fracción de los atletas se lesionan practicando un deporte. El equipamiento deportivo es una de las razones que hace los deportes divertidos. Los atletas quieren cuidarse para poder seguir practicando los deportes que les gustan.

Responder

 **VOCABULARIO CLAVE** **Formar palabras**

Haz una red de palabras alrededor de la palabra atleta. Copia la red y añade otras palabras relacionadas con los atletas.

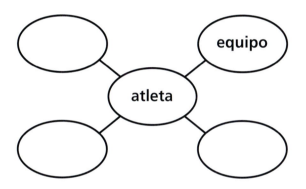

¡A escribir!

El texto y tú Ser atleta es divertido. Escribe un párrafo sobre un deporte que te gustaría practicar en algún momento. Habla sobre el equipamiento protector que necesitarás. Usa palabras de la red en tu escrito.

VOCABULARIO CLAVE

atleta	fracción
competir	mejorar
contribuir	potencia
flexible	proceso

ESTRATEGIA CLAVE **Preguntar** Haz preguntas antes de leer, mientras lees y después de leer.

Acertijo Esta palabra se usa principalmente en matemáticas.